AF494200

1880.

PN

Vente du Lundi 26 Avril 1880

HOTEL DROUOT, SALLE N° 4

# TABLEAUX ANCIENS

## GRAVURES

## AQUARELLES, DESSINS

### MINIATURES

ÉMAUX — ÉVENTAILS — BRONZES

PORCELAINES ANCIENNES

Faïences, Armes, Tapis, Curiosités

EXPOSITION PUBLIQUE

Le Dimanche 25 Avril 1880, de une heure à cinq heures

| Me BAUBIGNY | M. GEORGE |
| --- | --- |
| COMMISSre-PRISEUR | EXPERT |
| Rue de Grammont, n° 20 | Rue Laffitte, n° 12 |

PARIS — 1880

Vves RENOU, MAULDE et COCK
IMPRIMEURS DE LA COMPAGNIE DES COMMISSAIRES-PRISEURS
Rue de Rivoli, 144

CATALOGUE

DE

# TABLEAUX ANCIENS

PAR

P. de Bloot, Breughel et Van Balen
J. Van Croos, Franck, Gryef, W. de Heusch, Hubert-Robert
Jan Van Kessel, Mathon, F. Moucheron
Adriaen Van Nieuland, Ouwater, Rombouts, Verbooms
Wynantz, Ziesel

## AQUARELLES, DESSINS

PAR

Anastasi, Fielding, Francia, H. Monnier, J. Ouvrié, Tesson

GRAVURES

## MINIATURES, ÉMAUX, ÉVENTAILS

Bronzes d'art et d'ameublement

ANCIENNES PORCELAINES DE LA CHINE, DU JAPON ET DE SAXE

FAIENCES ARTISTIQUES, ARMES, TAPIS D'ORIENT

Dont la vente aura lieu

## HOTEL DROUOT, SALLE N° 4

***Le Lundi 26 Avril 1880***

A UNE HEURE ET DEMIE

(*La Vacation étant très-chargée*)

Par le ministère de **Me BAUBIGNY,** Commissaire-Priseur,
rue de Grammont, 20,
Assisté de **M. GEORGE**, Expert, rue Laffitte, 12.

EXPOSITION PUBLIQUE

Le Dimanche 25 Avril 1880, de une heure à cinq heures

PARIS — 1880

## CONDITIONS DE LA VENTE

Elle sera faite au comptant.

Les Acquéreurs paieront CINQ POUR CENT, en sus du prix de l'adjudication.

L'Exposition mettant le Public à même de se rendre compte de l'état des Objets, aucune réclamation ne sera admise une fois l'adjudication prononcée.

# DÉSIGNATION

# TABLEAUX ANCIENS

## BEMMEL

1 — Paysages boisés et Bestiaux. Deux pendants.

## BERTRAND (Elise)

66 f 2 — Fleurs dans un vase.

## BLOOT (Pierre de)

3 — Kermesse flamande.

Composition de quatorze personnages. Tableau de belle qualité.

## BOILLY (Genre de)

4 — Femme et Enfant.

## BREUGHEL ET VAN BALEN

5 — L'Abondance.

## BUDELOT

6 — Ferme au bord de l'eau.

## CROOS (JAN VAN)

7 — Site hollandais.

## CUYP (BENJAMIN

8 — Bohémiens au repos.

## EISEN (Attribué à)

9 — Enfants à la pêche.

Cadre sculpté et doré.

## FRANCK

10 — Sujet tiré de l'histoire des Perses. Episode d'une bataille entre Cyrus et Astyage.

## GILELAER (Signé P.)

11 — Joseph expliquant les songes de Pharaon.

Signé.

## GRYEF (Anton)

12 — Chien de chasse et Trophée de gibier.

## HAMAAR (P.-G.)

13 — Réunion de famille (Effet de lumière).

## HEUSCH (De)

14 — Les Pêcheurs.

Charmant tableau de l'artiste. Signé de Heusch.

## HUBERT-ROBERT

15 — La Cascade.

## KESSEL (Jan Van)

16 — Le Retour de chasse.

Œuvre très-remarquable, dans la manière de Hobbéma.

## MATHON

17 — Dame hollandaise à sa toilette.

## MONI (De)

18 — Turc à l'embrasure d'une fenêtre.

## LANFRANC

19 — Suzanne et les Vieillards.

## LOUTHERBOURG

20 — Paysage. Vaches au bord de l'eau.

## MOUCHERON (Frédéric)

21 — Paysage. Site italien.

Tableau d'une exécution très-légère et d'un coloris blond et harmonieux. Signé.

## MOUCHERON (Frédéric)

22 — Pêcheurs au bord d'une rivière torrentueuse.

## NIEULAND (Adriaen Van)

23 — Bacchanale.

Beau Tableau. Signé et daté 1648.

## NIEULAND

24 — Sujet tiré de l'histoire juive.

## OUWATER (Isaac)

25 — Le Moulin.

Signé et daté 1787.

## ROMAIN (École de Jules)

26 — La Sainte Famille.

Cadre italien.

## ROMBOUTS

27 — Les Moulins.

## TÉNIERS (École de)

28 — Les Joueurs de dés.

## TÉNIERS (Genre de)

29 — La Fileuse.

## VERBOOMS

30 — Canal de hollande, dans un site boisé.

## WYNANTZ

31 — Ville de Hollande.

Signé et daté 1831.

## ZIESEL (G.-Fr.)

32 — Bouquet de fleurs.

Peinture d'une exécution très-soignée.

## ÉCOLE HOLLANDAISE

33 — Les Laveuses.

## ÉCOLE ITALIENNE

34 — La Sainte Famille.

## ÉCOLE FRANÇAISE

35 — Paysage.

Forme ovale.

## ÉCOLE FRANÇAISE

36 — La Comparaison.

37 — Onze Portraits sous ce numéro.

# TABLEAUX MODERNES

## BALZE (Raimond)

38 — La Naissance d'Eve.

## BALZE, d'après INGRES

39 — La Source.

## CHASSEVENT (Ch.)

40 — Le Déjeuner du chien.

## COQUELIN

41 — Ouvrière à la toilette.

## FAUVELET

42 — Deux pendants : la Pie voleuse. — Oiseau sur une branche.

## TESSON (L.)

43 — Terrasse sur la mer.

## TESSON (L.)

44 — Le Bosphore.

## ÉCOLE MODERNE

45 — Joueuse de guitare.

## ÉCOLE MODERNE

46 — Paysage (Temps d'orage).

## ÉCOLE MODERNE

47 — Le Marché aux bestiaux.

## ÉCOLE MODERNE

48 — La Visite.

# AQUARELLES, DESSINS, GRAVURES

49 — **Anastasi**. Amsterdam (Aquarelle).

50 — **Bonnington** (Attribué à). Le Messager (Aquarelle).

51 — **Couverchel**. Cinq Croquis, portraits de généraux : Estherazy, d'Allonville, Douai, Renson, Espinasse.

52 — **Eustache**. Vue d'Orient (Aquarelle).

53 — **Eustache**. Deux Paysages au fusain.

54 — **Fielding**. Les Lièvres (Aquarelle).

55 — **Francia** père. Le Port de Calais (Aquarelle).

56 — **Francia** (L.). Vue de Calais (Aquarelle).

57 — **Francia.** Bateau de pêche (Aquarelle).

58 — **Francia.** Marine (Aquarelle).

59 — **Joyant** (Attribué à). Vue de Venise (Aquarelle).

60 — **J. R.** (Initiales). La Convalescence (Aquarelle).

61 — **Marohn.** Écurie (Aquarelle).

62 — **Miel** (Jean). Groupe de paysans (Crayon).

63 — **Millebourne.** Marine (Aquarelle).

64 — **Monnier** (H.). Henri Monnier dans le rôle du père Lefèvre (Aquarelle).

65 — **Monnier.** Caricature de Francia (Aquarelle).

66 — **Navlet.** Bataille (Dessin à la plume).

67 — **Navlet.** Dessin à la plume.

68 — **Ouvrié** (Justin). Dordrecht (Aquarelle).

69 — **Palianti.** Plusieurs Paysages sous ce numéro. (Aquarelles).

70 — **Pegot.** Portrait de femme (Pastel).

71 — **Tesson** (L.). Vue de village (Aquarelle).

72 — **Tesson.** Enfants de pêcheur (Aquarelle).

73 — **Tesson** (L.). Vue du Maroc (Aquarelle).

74 — **Tesson** (L.). Intérieur de Mosquée. (Dessin rehaussé de blanc).

75 — **Vallin** (Signé). Baigneurs (Aquarelle).

76 — Deux Gravures d'après Devedeux : Danse turque et Vente d'esclaves.

77 — Deux Gravures : Charles Ier dans la tour de Londres et les Enfants d'Édouard.

78 — Deux Eaux-Fortes : la Berge et la Nuit au village

79 — Deux Gravures : la Femme hydropique et le Passage du mont Saint-Bernard.

80 — Gravure en couleurs : la Gimblette, d'après Fragonard.

# MINIATURES, ÉMAUX, ÉVENTAILS

## CURIOSITÉS DIVERSES

81 — Petit Médaillon ovale en or, émaillé sur les deux faces ; d'un côté la Vierge, de l'autre la Madeleine, époque Louis XIV.

82 — Médaillon en or émaillé vert et bordure d'ornements renfermant une miniature (Portrait de jeune homme), époque Louis XIII.

83 — Email (Portrait d'homme à perruque poudrée) époque Louis XV.

84 — Miniature (Portrait d'homme), de l'École anglaise, renfermée dans un médaillon en or, à filets d'émail bleu et blanc.

85 — Autre Miniature (Portrait d'homme), de l'École anglaise. Miniature signée, dans un médaillon en or émaillé.

86 — Miniature (Portrait de femme), époque Louis XV. Signée *R. Mussard*, 1769.

87 — Miniature (Portrait de Charles-Edouard).

88 — Deux Miniatures (Portraits d'hommes). Cadres en cuivre doré.

89 — Une Miniature (Portrait de femme), École anglaise.

90 — Une Miniature (Portrait de femme).

91 — Jolie Canne en ivoire, pommeau et garniture en or.

92 — Une petite Peinture à l'huile (Portrait de femme) époque Louis XIV, et un Émail (Portrait d'homme).

93 — Un Éventail en vernis Martin.

94 — **Charlier.** Le Repos de Diane. Cadre en bronze doré.

95 — Portrait de jeune femme. Jolie miniature attribuée à Dumont.

96 — Jeune Femme, coiffure Louis XV.

97 — Diane et Calisto.

98 — Portrait d'homme.

99 — Eventail Louis XV, monture ivoire découpé et décoré. Gouache représentant les Amours moissonneurs.

100 — Éventail Louis XV, monture ivoire, gouache : Ruth et Booz.

101 — Éventail Louis XV, ivoire. Gouache : le Duo.

102 — Éventail Louis XV, jolie monture ivoire. Gouache : la Balançoire.

103 — Éventail Louis XVI. Gouache : Renaud et Armide.

104 — Une Pipe (Tête de satyre), en vieux Saxe.

105 — Un Flacon émail, forme poire.

106 — Deux Cadres pour miniatures en argent.

107 — Une Châtelaine argent.

108 — Une Miniature (l'Enfant à la colombe). Signée J. Reichel.

109 — Deux Médailles argent (Saint Michel et saint-Georges).

110 — Une Miniature sur ivoire (la Lecture).

111 — Une Miniature (jeune Moine). Cadre écaille. Curieuse inscription au revers.

112 — **Perlet** (M^lle^). Portrait du docteur Corvisart. Miniature sur porcelaine.

113 — Deux Portraits, Médaillons en biscuit. Cadres en bronze.

114 — Pendule à sujet (la Sapho), de Pradier, deux Candélabres de chez Barbedienne et deux Coupes en bronze.

115 — Groupe en bronze : Hercule étouffant Antée.

116 — Garniture de cheminée en bronze et marbre ; la Pendule à figure allégorique (la Paix).

117 — Bronze. L'Apollon du Belvedère.

118 — Bronze. Vénus de Médicis.

119 — Deux Bronzes : un Cerf et un Loup. Socles en marbre blanc.

120 — Deux Bustes en bronze, sur colonnes en marbre.

121 — Un Buste en bronze (Henri IV).

122 — Petite Console à écureuils, en bronze, de Mène.

123 — Deux petites Consoles en bronze.

124 — Un Lion et une Vache. Socles en marbre.

125 — Jésus bénissant. Bas-relief en ivoire et bois sculpté.

126 — Deux Tableaux exécutés en étoffe.

127 — Deux morceaux en tapisserie au petit point : le Sacrifice d'Abraham, le Jugement de Salomon.

128 — Garniture de siége en ancienne tapisserie de Beauvais, à fleurs.

129 — Tapis d'Orient, sous ce numéro.

130 — Beau Tric-Trac incrusté d'ivoire, d'une riche ornementation.

131 — Boîte à fiches Louis XVI, à compartiments en nacre et anciens jetons.

132 — Autre Boîte, avec jetons en nacre.

133 — Sabres indiens, sous ce numéro, Epées européennes.

134 — Diverses Curiosités sous ce numéro. Boîtes, Éventails, Laques, Encrier en bronze, etc.

# PORCELAINES

135 — Groupe en vieux Saxe. Musulman tenant un cheval par la bride.

136 — Trois Figurines en ancienne porcelaine de Ludwigsbourg.

137 — Deux autres Figurines (Joueurs de musette).

138 — Grand Plat rond en Japon bleu, rouge et or.

139 — Quatre Plats ronds en Chine, décorés d'arbustes et bordure d'émaux verts sur le marli.

140 — Trois Compotiers en vieux Japon.

141 — Quatre Plats ronds; décor en bleu.

112 — Huit Assiettes en Japon; décor en bleu.

143 — Six petits Compotiers.

144 — Douze Couteaux à manches en porcelaine.

145 — Sous ce numéro : Potiches, Théières, Bols, Sucriers, Tasses et Soucoupes en porcelaine de la Chine et du Japon.

146 — Faïences et Porcelaines diverses.

147 — Deux Vases à têtes de bélier, en porcelaine anglaise ; décor camaïeu rose, monture en bronze.

148 — Deux Bustes en porcelaine, fond turquoise.

149 — Grand Vase en faïence de Sèvres, fond jaune.

150 — Deux Vases italiens en faïence décorée.

151 — Deux grands Vases en faïence émaillée, de style persan.

152 — Un Vase en faïence de Sèvres, fond brun.

153 — Grand Tableau en faïence peinte par Aubry (Camp de gardes françaises).

154 — Grand Vase à émail bleu.

155 — Grande Jardinière ; décor en camaïeu carmin, par Schilt (les Vendanges).

156 — Deux Vases en faïence de Nevers, à figures en relief.

157 — Paravent en laque de la Chine.

158 — Deux Vases, forme potiche, en cuivre.

Vve Renou, Maulde et Cock, impr. de la Compagnie des Commissaires-Priseurs. rue de Rivoli, 144. 6425

www.ingramcontent.com/pod-product-compliance
Ingram Content Group UK Ltd.
Pitfield, Milton Keynes, MK11 3LW, UK
UKHW020533180726
13839UKWH00005B/2479

9 782329 531243